INHALTSVERZEICHNIS

SCHLAGFERTIGKEIT TRAINIEREN

WIE SIE IHRE SCHLAGFERTIGKEIT VERBESSERN,

WORTGEWANDT REAGIEREN UND IN JEDEM GESPRÄCH

SELBSTSICHER AUFTRETEN

BERND ROMMER

1 VORWORT & EINLEITUNG

Vielen Dank für das Interesse an diesem Buch. In diesem Ratgeber habe ich mein Wissen und meine Erfahrung über das Kontern von sprachlichen Angriffen kompakt sowie leicht verständlich niedergeschrieben. Ich bin davon überzeugt, dass Jedermann hierdurch seine Schlagfertigkeit ohne viel Mühe auf ein nächstes Level bringen kann.

Schweigen ist Gold, Schlagfertigkeit ist unbezahlbar.

In der ersten Hälfte des Buches führe ich Sie in die spontane Art der Rhetorik ein, ehe ich Ihnen Methoden aufzeige, die Sie zu einem Profi der Schlagfertigkeit machen.

In diesem Buch lernen Sie unter anderem...

- wie Sie Ihre Schlagfertigkeit ganz leicht trainieren können
- wie Sie in jedem Gespräch selbstsicher auftreten und wortgewandt antworten
- wie Sie Ihre Sympathie bewahren und trotzdem punkten
- wie Sie in unangenehmen Situationen perfekt kontern und damit Sprachlosigkeit verhindern
- was es absolut zu vermeiden gilt beim Schlagfertigsein

2 DAS IST SCHLAGFERTIGKEIT

Unter Schlagfertigkeit ist die schnelle, spontane verbale Reaktion auf eine unerwartete Situation zu verstehen. Bei dieser Situation kann es sich um sprachliche Angriffe, eine flapsige Bemerkung oder einfach einen Witz des Gesprächspartners handeln. Schlagfertigkeit ist nicht zu verwechseln mit kommunizierten Tiefschlägen, Beleidigungen oder gar Beschimpfungen, die das Gegenüber verletzen und es deshalb mundtot machen. Schlagfertigkeit ist die Kunst, spontan die angemessenen Worte zu finden. Dies sollte nicht aggressiv vonstattengehen, sondern eher überlegt, freundlich und sogar humorvoll rübergebracht werden. Schlagfertigkeit bedeutet also nicht nur die klassische Retourkutsche, sondern auch gekonnt Gesprächssituationen zu meistern.

Schlagfertigkeit ist, wenn man auf unangenehme Aussagen sehr schnell einfallsreiche und kreative Antworten gibt.

Der Begriff selbst stammt aus dem Militär. Eine Armee-Einheit musste möglichst schnell einsatzfähig, also bereit und fertig zum Zuschlagen sein, um militärische Erfolge zu erzielen. Das Überraschungsmoment spielte für den Sieg eine besonders große Rolle. Daraus wurde später das Synonym „Schlagfertigkeit“ als Begriff für rasches, witziges Parieren in Wortgefechten.

Drei Merkmale zeichnen eine schlagfertige Reaktion aus, sie muss schnell, spontan und treffend sein.

Schnell

Dauert es länger als 3 Sekunden, bis eine Antwort auf einen Angriff, Vorwurf oder Kommentar erfolgt, ist es zu spät und zählt nicht mehr.

Spontan

Es geht darum, spontan auf die unerwartete Situation reagieren zu können, ein hölzern herauskommender, offensichtlich auswendig gelernter Text ist hier eher fehl am Platz.

Treffend

Die Antwort muss inhaltlich passend zu der Attacke sein. Kritisiert Sie beispielsweise ein Kollege für ein seiner Meinung nach unpassendes Outfit, ist es unpassend und verfehlt seine Wirkung, eine Bemerkung über das Übergewicht seiner Frau zu machen. Erstens ist es unter der Gürtellinie und wirkt so nicht besonders souverän, zweitens ist es keine opportune Antwort auf seine Attacke.

Ein gutes Beispiel für Schlagfertigkeit ist ein Konter des ehemaligen englischen Premierministers Winston Churchill, der einen Abend bei Freunden verbrachte. Er stritt sich mit einer anwesenden Dame, bis diese irgendwann entnervt sagte: "Wenn ich Ihre Frau wäre, würde ich Gift in Ihren Tee mischen." Churchill erwiderte gelassen: "Wenn Sie meine Frau wären, würde ich Ihn trinken." Churchill reagierte genau auf das Gesagte, blieb dabei ruhig und gelassen, was dem Ganzen eine unschlagbare Souveränität verlieh.

Scheinbar war Churchill besonders talentiert, oder? Heute ist bekannt, dass Churchill zwar talentiert war, was Schlagfertigkeit betraf, er sich jedoch vor Zusammenkünften bereits damit auseinandersetzte, wer anwesend sein wird, welche Themen behandelt werden könnten und welchen Kritiken oder Seitenhiebe er ausgesetzt sein könnte. Er ging bereits vorher im Geiste Konversationen durch, entwarf Szenarien und mögliche Antworten. Er trainierte also seine Schlagfertigkeit über Jahre hinweg. Natürlich konnte er den verbalen Angriff mit dem vergifteten Tee nicht genau vorhersehen, doch das regelmäßige trainieren seiner Schlagfertigkeit machte es ihm möglich, auf diese unerwartete Attacke zu reagieren. Selbst das größte Talent in Sachen Schlagfertigkeit liegt brach, wenn es nicht trainiert wird. Oder glauben Sie, Boris Becker hätte ohne Training seine Tenniserfolge feiern können?

Natürlich haben Winston Churchill sowie Boris Becker ein gutes Grundtalent gehabt. Aber nur, weil Sie (wahrscheinlich) nicht gleich Wimbledon gewinnen, ist es Ihnen trotzdem möglich, Tennis spielen zu lernen. Ebenso verhält es sich mit der Schlagfertigkeit. Auch wenn Sie vielleicht nicht direkt ein Weltmeister darin werden, mit regelmäßigem Training können Sie sich Schlagfertigkeit definitiv antrainieren. Denn je öfter Sie das Abwehren von verbalen Angriffen für sich durchspielen, desto vertrauter werden Sie damit. Das schafft Selbstbewusstsein für unangenehme Situationen und das Abwehren von mündlichen Tacklings gelingt Ihnen souverän.

3 WARUM FALLEN EINEM SCHLAGFERTIGE ANTWORTEN OFTMALS ERST HINTERHER EIN?

Das kennt wahrscheinlich jeder: eine ungerechtfertigte Kritik vom Chef, eine Spitze vom Kollegen oder eine gemeine Bemerkung der Schwiegermutter. In dem Moment ist man überrumpelt und perplex, dass man einfach nichts sagen kann. Später jedoch, wenn die Situation vorüber ist, fallen einem die galantesten, witzigsten und treffendsten Konter ein. Leider ein paar Stunden zu spät.

Schlagfertig zu sein fällt besonders in Stresssituationen oder ungewohnten Umgebungen schwer. Dieser Umstand ist physiologischen Ursprungs. Unser Gehirn ist nämlich in mehrere Areale geteilt. Davon ist ein Teil (limbische System) für die Gefühle zuständig, ein weiterer Bereich hat die Funktion des rationalen sowie kreativen Denkens inne. In der Praxis ist es so, dass das limbische System stets einen Tick schneller reagiert. Bekommen wir eine missfällige Bemerkung oder einen blöden Spruch gedrückt, führt das zunächst zu einer emotionalen Reaktion. Wir fühlen uns angegriffen und verletzt. Hinzukommen Unsicherheit und Selbstzweifel. Dieses Empfinden löst unterbewusst Angst und Panik aus. Wir erfahren Stress. Dieser stärkt zwar unsere körperlichen Aktivitäten, doch das geistige Handeln wird kurzerhand blockiert. In diesem Fall ist an eine schlagfertige Antwort absolut nicht zu denken. Dies ist der typische Moment, in dem man nicht selten mit Verlegenheit und Sprachlosigkeit zu kämpfen hat. Jene Eigenschaft ist ein Relikt der Urzeit, als es für den Menschen ums Überleben ging. In plötzlichen Gefahrensituationen (z.B. Auftauchen eines wilden Tieres) ging es eben nicht um das geniale Erwidern, sondern Kampf oder Flucht. Lässt man den sprachlichen Disput nach einiger Zeit Revue passieren, ebbt das Stressempfinden ab und nun fällt einem ein passender Kontersprruch ein, weil eben wieder „klar gedacht“ werden kann.

4 WAS MACHT EINEN MENSCHEN SCHLAGFERTIG?

Schlagfertige Menschen reagieren schnell, stimmend und in der Regel auch noch witzig auf eine Frage, eine von ihnen nicht zu erwartende Bemerkung und generell auf eine verbale Konfrontation. Ihr Gegenüber und (sofern vorhanden) auch das Publikum, werden von dieser Reaktion überrascht und sind zum großen Teil amüsiert. Beabsichtigte Angriffe werden so elegant abgewehrt, möglichen Peinlichkeiten wird die Spitze genommen und gleichzeitig wird die Kommunikation weiter im Fluss gehalten.

Um schlagfertig zu sein, gibt es ein paar Voraussetzungen:

- logisches Denken
- Konzentrationsfähigkeit
- hohe Wahrnehmungsfähigkeit und Beobachtungsgabe
- gutes Allgemeinwissen
- Sprachkompetenz
- Freude am Gedankenspiel und am Um-die Ecke Denken
- Fantasie, Kreativität und Lockerheit

Die Fähigkeit zu logischem Denken ist die wichtigste Voraussetzung für Schlagfertigkeit. Ohne sie erkennt man den verbalen Angriff ja oft überhaupt nicht. Aber auch die Fähigkeit, sich zu konzentrieren ist eine wichtige Voraussetzung zu schlagfertiger Reaktion. Nur wer wirklich genau zuhört, beobachtet und auch die kleinen Nuancen wahrnimmt, kann pointiert antworten. Auch ein gutes Allgemeinwissen und Sprachkompetenz sind unverzichtbar für Schlagfertigkeit. Schließlich geht es nicht nur darum, zu verstehen, was unser Gegenüber zu uns oder über uns sagt, vielmehr wollen wir auch inhaltlich, stilistisch und grammatikalisch richtig und außerdem auch der gesamten Situation gemäß reagieren. Aber auch eine gute Portion Fantasie und Kreativität sind wichtig. Die zündende Idee im passenden Moment, der alternative Lösungsansatz, auf den vorher niemand gekommen ist, sie machen einen wichtigen Teil der Schlagfertigkeit und des daraus resultierenden Erfolges aus.

5 WIE WICHTIG IST DAS SCHLAGFERTIGSEIN?

Schlagfertig sein, ist das wirklich notwendig? Immerhin geht man mit einer schlagfertigen Antwort immer ein wenig auf Konfrontation, anstatt Situationen einfach zu umgehen. Konfrontationen sind oftmals nicht angenehm und erfordern Mut. Häufig erscheint Schweigen und das Verharren in der Komfortzone als der einfachere Weg. Aber ist es auch der Bessere? Fakt ist, dass Schlagfertigkeit hilft, besser zu kommunizieren. Sie vermittelt Außenstehenden ein Bild von Selbstsicherheit und Kompetenz, was die Selbstwirksamkeit und die Überzeugungskraft enorm steigert. Je öfter Sie von schlagfertigen Antworten Gebrauch machen, desto routinierter werden Sie. Dadurch verbessert sich nach und nach auch die Rhetorik, was Sie die hervorgebrachten Antworten noch sicherer und nachdrücklicher vorbringen lässt.

Wer schlagfertig ist, ist in der Regel besonders beliebt, gerade weil er oder sie den sonst oft sonst eher zähen öffentliche Auftritten, langweiligen Veranstaltungen und Gesprächsrunden Pep gibt. Aber auch im Berufsleben und im privaten Alltag ist Schlagfertigkeit von Vorteil. Schlagfertige Mitarbeiter erklimmen in der Regel die Karriereleiter schneller als zurückhaltende und schüchterne und haben oft auch größere Freundeskreise. Im Meeting oder bei Teamarbeit können Sie so ihre Ideen, mit denen Sie bisher hinter dem Berg gehalten haben, einbringen, was beeindruckt und ihre Handlungsfreiheit bewahrt. Sich auszudrücken, seine Grenzen zu vertreten und seine Komfortzone verlassen zu können sind Bestandteile von Schlagfertigkeit und enorm wichtig für Erfolg und Ansehen.

Vorteile von Schlagfertigkeit

Grenzen aufzeigen

Durch das erfolgreiche Kontern oder Abwehren verbaler Angriffe können Sie früher ihre Grenzen aufzeigen. Oft übertritt das Gegenüber diese nämlich völlig unbedacht, eine freche Bemerkung, die Lacher auf seiner Seite, das ist zunächst alles, was wahrgenommen wird. Eine schlagfertige Antwort signalisiert: So nicht, das kann ich auch. Beim nächsten Mal wird sich das Gegenüber vorher überlegen, ob es auf Konfrontation geht, da es unbewusst die gesetzten Grenzen wahrgenommen hat.

Schlagfertigkeit schafft ein Schutzschild, sichert Ihnen Terrain und wahrt Ihre Autorität.

Selbstsicherheit gewinnen

Ein gut abgewehrter Angriff oder ein treffender Konter auf einen Witz auf ihre Kosten durch eine schlagfertige Antwort ist ein Erfolgserlebnis. Erfolgserlebnisse verbessern das Selbstbewusstsein und heben das Selbstwertgefühl. Anstatt sich im Nachhinein zu ärgern, dass Sie Äußerungen anderer wieder einfach hingenommen und einen Spruch auf Ihre Kosten kassiert haben, ohne etwas zu sagen, können Sie sich nach einem schlagfertigen Konter innerlich selbst auf die Schulter klopfen und sich für den kleinen Erfolg feiern.

Sich verkaufen können

Schlagfertigkeit ist ein entscheidender Verkaufsfaktor. Wer rhetorisch fit ist und spontan und souverän auf unerwartete Situationen reagieren kann, der kann auch erfolgreich verhandeln, Waren verkaufen und andere Vorteile für das Unternehmen erwirken. Schlagfertigkeit beinhaltet die Fähigkeit, sich und seine Interessen vertreten zu können und das bedeutet ein entscheidendes Plus für die Karriere.

6 SELBSTSICHERER WERDEN

Um ein Meister der Schlagfertigkeit zu werden, müssen Sie ein gutes Selbstbild haben. Das lässt Sie entspannt werden und Ihre Kontersprüche gehen viel leichter von der Hand. Schlagfertigkeit ohne Selbstsicherheit? Das funktioniert nicht. Warum ist das so? Zunächst einmal erfordert die aktive Reaktion auf einen verbalen Angriff, Kritik oder sonstige Bemerkungen immer eine Portion Mut. Gerade am Anfang ihrer Schlagfertigkeitskarriere wird es Sie Überwindung kosten, aktiv zu reagieren, anstatt passiv hinzunehmen. Im Übrigen steht und fällt Schlagfertigkeit mit der Reaktionszeit. Kommt ein Konter nicht innerhalb von drei Sekunden, ist er nahezu wirkungslos. Wenn sie unsicher sind, an sich selbst und ihrer Argumentation zweifeln, werden Sie viel zu lange zögern und so Ihren Moment versäumen. Nur wer sich seiner selbst sicher ist, wird die Stärke und das Vertrauen in sich haben, sich schnell und spontan zu äußern. Nur wer selbstsicher ist, wird es auch ertragen, wenn seine Schlagfertigkeit nicht bei allen gut ankommt. Wer immer lächelt und nickt, ist niemandem unbequem. Wer schlagfertig kontert, kann für andere schon mal zu einem Stein im Schuh werden.

Wir alle, die einen mehr, die anderen weniger, haben ein Bedürfnis, geliebt und gemocht zu werden und das möglichst von allen. Unser Harmoniebedürfnis hindert uns allzu häufig daran, zu sagen, was wir denken und für andere unangenehm zu werden. Wer selbstsicher ist, ist wesentlich weniger abhängig davon, was andere von ihm halten. Wenn Sie selbstsicher sind, finden Sie sich selbst gut genug, um gegebenenfalls auf die ein oder andere Sympathie verzichten zu können. Sie sind nicht auf Biegen und Brechen auf Harmonie und Anerkennung von außen angewiesen, weil Sie sich selbst von innen heraus anerkennen. Dann schwindet auch automatisch die Angst, etwas Falsches zu sagen. Fehler sind vollkommen okay und für selbstsichere Menschen kein Grund zu verzweifeln.

Selbstsicherheit kommt von innen heraus. Nur was Sie im inneren fühlen, können Sie dauerhaft erfolgreich nach Außen präsentieren. Doch wie kommen Sie zu dieser inneren Selbstsicherheit? Der Grundstein zu Selbstsicherheit ist Gelassenheit. Nur wer gelassen mit sich, seinen Schwächen und Fehlern umgehen kann, wird angstfrei agieren können. Nur wer keine Angst hat, kann schlagfertig sein.

Dann gefällt es dem Kollegen eben nicht besonders, wenn Sie ihm eine passende Antwort auf einen flapsigen Kommentar liefern. Na und? Dann kam Ihre schlagfertige Antwort eben ein paar Sekunden zu spät. Was soll's? Sie üben schließlich noch. Gehen Sie gelassen an Situationen heran, erkennen Sie Ihre Fehler mit innerlichem Schulterzucken an und vergessen Sie auf keinen Fall Ihre zahlreichen Stärken und Fähigkeiten. Wenn Sie sich selbst akzeptieren und für gut befinden, mach Sie das selbstsicher.

Ein weiterer Faktor, der uns unsicher macht, sind unangenehme Situationen. Diese lassen sich nicht per se vermeiden. Was man allerdings verändern kann, ist die Einstellung diesen Situationen gegenüber. Sie können daran arbeiten, dass Ihnen Situationen gar nicht mehr unangenehm sind. Das entspannt und Sie werden sich automatisch sicherer fühlen. Ein Kaffeefleck auf der Kleidung kurz vor der Präsentation, ein Horror. Jeder wird es bemerken, jeder wird schlecht über Sie denken. Sie sind verunsichert. Das muss nicht sein. Vermeidlich unangenehme Situationen können häufig einfach weggelacht werden. Ein kurzer Witz zu Beginn, mitlachen, wenn jemand eine Bemerkung macht. Das wirkt nach außen selbstsicher und Sie werden sich sofort wohler fühlen. Ihre Präsentation wird ohnehin für sich sprechen. Wenn Sie also entspannt und mit einer positiven Grundeinstellung Ihren Alltag bestreiten, werden wirklich unangenehme Situationen zur Seltenheit.

Es klingt banal, hilft mir aber sehr: Ich stelle mir vor, dass ich im Kindergarten bin und der Affront von einem Kleinkind kommt. Das lässt mich gelassen an die Sache herangehen, was gute Voraussetzungen schafft, um lässig und „freundlich" zu kontern. Probieren Sie diesen „Trick" mal aus.

7 SEIN AUFTRETEN VERBESSERN

Um selbstbewusst und souverän zu wirken, sind neben Argumenten auch andere Attribute wichtig. Der beste Konter wird Sie nicht weiterbringen, wenn Sie ihn mit gesenktem Blick und leiser Stimme vorbringen. Selbstsicherheit von innen heraus ist enorm hilfreich beim verbalen Schlagabtausch und eben diese Sicherheit sollte man Ihnen auch ansehen.

Folgende Grundsätze sollten Sie sich aneignen:

- Blickkontakt halten
- Laut und deutlich sprechen
- Aufrecht stehen/sitzen
- Gerade Schultern
- Arme nicht verschränken/offene Haltung
- Offene Mimik und Gestik

Oftmals nehmen wir gar nicht wahr, wie wir uns halten und geben. Außenwirkung kann man trainieren. Mimik und Gestik sowie Körperhaltung passieren eher unbewusst. Wenn Sie anfangen, darauf zu achten, wie Sie sich bewegen, sich halten, agieren, werden Sie schnell Verbesserungspotential erkennen. Vor dem Spiegel, im Vorbeigehen an Fensterscheiben oder nach Gefühl, es ist jederzeit möglich, sich ein wenig zu überwachen und zu korrigieren. Irgendwann werden diese neuen Bewegungen in Fleisch und Blut übergehen und zu Ihrer alltäglichen Körperhaltung werden.

Verunsicherung lässt jede Reaktion schwammig und nicht souverän erscheinen. Natürlich ist der Gesprächsgegner oder Angreifer erst einmal im Vorteil, denn er hat seine Aussage ja bereits vorbereitet. Für Sie sind seine Äußerungen eine Überraschung. Trotzdem ist es wichtig, keine Überforderung zu zeigen.

8 TIPPS FÜR MEHR SCHLAGFERTIGKEIT

Kommen wir nun zu meinen besten Tipps, womit Sie Ihre Schlagfertigkeit gekonnt verbessern und perfekt gewappnet gegen einen Überraschungsangriff sind.

1. Nicht rechtfertigen

Wir neigen dazu, uns sofort rechtfertigen zu wollen, wenn wir kritisiert, angegangen oder beleidigt werden. Diese Reaktion schiebt uns jedoch in eine unterwürfige und somit schlechtere Position, aus der eine weitere Argumentation auf Augenhöhe nahezu unmöglich wird. Rechtfertigungen gelten als Zeichen von Unsicherheit.

2. Sachlich bleiben

Ungerechtfertigte Kritiken oder verletzende Äußerungen rufen oft Ärger in uns hervor. Dennoch ist es wichtig, seine Emotionen zu kontrollieren. Lassen Sie sich nicht kränken! Wütende Äußerungen oder Beschimpfungen haben nichts mit souveräner Schlagfertigkeit zu tun. Auch wenn der verbale Angriff unsachlich war, reagieren Sie bitte nicht ebenso. Holen Sie den Gegner und das Gesprächsniveau lieber wieder auf die sachliche Ebene zurück. Hier kommt Ihnen die gelassene Grundhaltung zu Gute. Sie lassen sich nicht mitreißen, werden nicht unbeherrscht.

3. Zeit gewinnen

Gerade am Anfang Ihrer Schlagfertigkeitskarriere ist es gar nicht so einfach, auf unvorhergesehene Situationen oder verbale Attacken schnell zu reagieren. Deshalb gibt es einen Trick, um Zeit zu gewinnen. Wichtig ist nämlich zunächst einmal, überhaupt etwas zu sagen, anstatt stumm nach einem Konter zu suchen. Deshalb bietet es sich an, dem Gegenüber erst einmal eine Frage zu stellen. Hier können Sie paraphrasieren, also das gesagt quasi wiederholen und fragen, ob Sie das Gesagte richtig verstanden haben. Dies gibt Ihnen Zeit, sich eine Antwort zu überlegen und zwingt außerdem den Gegner, seine Äußerung noch näher auszuführen. Häufig irritiert dies den Anderen bereits und er mildert das Gesprochene etwas ab, beziehungsweise er wird in eine schwächere Gesprächsposition gebracht.

4. Situation analysieren

Je besser man eine Situation einschätzen kann, desto besser und sicherer kann man darauf reagieren. Was will der Andere mit seiner Aussage bezwecken? Ist es ein persönlicher Angriff? Ein Missverständnis? Hier geht es darum Informationen schnell zu sammeln. Bei Schlagfertigkeit geht es natürlich auch darum, das Umfeld und den Tonfall abzustimmen. Mit wem kommunizieren Sie? Mit dem Chef? Dem Partner? Einem unliebsamen Bekannten aus dem privaten Umfeld? Hier gilt es, die Hierarchie bei der Wahl der Aussagen und der Art und Weise, wie man sie vorbringt, zu beachten. Eine eindeutige Situation hilft dabei, klar zu kontern und zu argumentieren. Verzichten Sie darauf jemanden mundtot zu machen, wenn es der weiteren Kommunikation/Zusammenarbeit/Atmosphäre stark schadet. Sehen Sie Ihren Konter ergo immer im Kontext.

5. Vorbereitung

Situationen, in denen Sie stumm geblieben sind, weil Ihnen keine passende Entgegnung einfiel, sind nicht nutzlos. Vielmehr sollten Sie in Ruhe alles notieren, was Ihnen im Nachhinein einfällt. Diese Notizen und Nacharbeit können Ihnen beim Training Ihrer Schlagfertigkeit helfen. Ein paar Antwortmöglichkeiten aus dem Gedächtnis abrufen zu können, ist extrem hilfreich. Außerdem kann es nicht schaden, sich verschiedene Gesprächssituationen auszumalen und sich vorab gute Konter zu überlegen. Das gibt Sicherheit. Es schadet auch nichts, Argumente und Entgegnungen laut vor sich hin zu sagen. Auch wenn Sie sie vielleicht nie wortwörtlich wiederholen werden, trainieren sie so Ihre rhetorischen Fähigkeiten und die Scheu davor, eventuell Unangenehmes laut auszusprechen.

6. Wortschatz erweitern

Schlagfertigkeit funktioniert noch besser mit einem großen Sprachschatz, ein breites Allgemeinwissen, Sprachgefühl und Wortwitz. Die Devise sollte deshalb lauten, möglichst viel zu lesen, anderen gut zuzuhören und üben mit Worten zu spielen. Sehr viel lässt sich zum Beispiel bei Parlamentsdebatten, Diskussionsrunden im TV oder im Radio oder auch bei Talkshows lernen. Und natürlich sollten Sie im Kreis der Familie oder unter Freunden die Gelegenheit nutzen, Schlagfertigkeit zu üben (siehe Tipp #10).

7. Humor als Allzweckwaffe

Ganz wichtig für die Schlagfertigkeit sind Humor und die Fähigkeit, sich selbst auch auf die Schippe nehmen zu können. Ein humorloser Mensch kann nicht wirklich schlagfertig sein, er ist in aller Regel nur rechthaberisch und oft sehr nervig. Ein lustiger Konter entschärft eine strenge Aussage und stimmt Ihren Widersacher sowie Dritte positiv. In vielen Fällen empfiehlt es sich, Ihre sprachliche Gegenwehr mit einem charmanten Lächeln vorzubringen. Das zeugt von Stärke.

8. Sofortantworten haben

Sehr nützlich ist es auch, besonders am Anfang, sich eine Sammlung klassischer guter Sprüche anzulegen, die Sie von schlagfertigen Personen gehört haben oder über die Sie mal gelesen haben und die Ihnen im Gedächtnis geblieben sind. Sie helfen in Situationen, in denen Ihnen (noch) nichts eigenes Schlagfertiges einfallen will. Dass Sie immer solche Sofortantworten in petto haben, hilft an Selbstsicherheit zu gewinnen, weil Sie so gewiss immer eine Antwort abrufen können. Auch schlagfertige Zitate von bedeutenden Persönlichkeiten können Sie hin und wieder (allerdings nicht zu oft) einstreuen. Es gibt da wirklich sehr schöne und in vielen Situationen gut passende. Haben Sie also immer ein Ass im Ärmel, das im Notfall als Retter fungiert.

9. Locker bleiben

Was Sie auch unternehmen, um schlagfertiger zu werden, Ihre Gesprächspartner und das Publikum sollten Ihre gezielten Bemühungen nicht spüren. Schlagfertige Bemerkungen erscheinen ganz leicht und spontan und dürfen nicht einstudiert wirken, auch wenn sie es manchmal sind. Die scheinbare Mühelosigkeit und Lockerheit wird Ihr wichtigstes Markenzeichen. Sie strahlen dadurch eine gelassene Attitüde aus, die Ihr sicheres Auftreten um einiges potenziert.

10. Regelmäßiges Üben

Ja, es gibt sie - die Typen, die in jeder Lebenslage die richtigen Worte finden, auf jede Frage die passende Antwort haben, alle verbalen Attacken mühelos und auch noch witzig abschmettern können. Klar, gibt es auf dem Gebiet Naturtalente, denen die Schlagfertigkeit schon in den Genen zu stecken scheint, doch auch ohne angeborene Begabung, können Sie sehr schlagfertig werden. Sie müssen – auch wenn es noch so trivial klingt – kontinuierlich üben! Übung macht den Meister. Sie müssen sich die Grundsätze der Schlagfertigkeit aneignen und verinnerlichen. Schlagfertig argumentieren lässt sich erlernen wie Autofahren. Jeder kann es lernen. Dazu müssen Sie natürlich etwas Zeit aufwenden und sich überwinden, Ihre Kenntnisse auch im Alltag zu probieren. Ohne Fahrpraxis kein Führerschein. Nur mit theoretischen Fragebögen oder Büchern wird man nicht fit für den Straßenverkehr. Deshalb ist es wichtig, regelmäßig Übungen zu machen. Je öfter Sie trainieren, umso schneller werden Sie fit. Es ist noch kein Meister der Schlagfertigkeit vom Himmel gefallen.

Die besten Übungen, um seine Schlagfertigkeit zu trainieren

Durchspielen

Ein gutes Mittel, schlagfertiger zu werden, ist das wiederholte Durchspielen von Situationen, in denen Ihnen noch keine treffende Erwiderung gelungen ist. Was hätten Sie in genau dieser Situation sagen können oder sollen. Die Analysen helfen nach und nach dabei, beim nächsten Mal schlagfertiger zu reagieren. Stellen Sie sich also bildlich eine Konstellation vor und wie Sie darauf reagieren würden. Das kann beispielsweise eine abfällige Bemerkung über ihr Outfit sein. Wie entgegnen Sie, was würden Sie sagen? Jeden Tag fünf Durchgänge stärken Ihre Kompetenzen in Sachen Schlagfertigkeit und halten Sie fit.

Aufdecken

Schreiben Sie etwa 50 Provokationen, Vorwürfe und Beleidigungen auf Zettel oder Karteikarten. An mehreren Abenden nehmen Sie diesen Stapel und mischen ihn durch. Legen Sie zehn Karten davon verdeckt auf einen Tisch. Nach und nach müssen Sie die Papierstücke umdrehen und sehr zügig auf die draufstehende Bemerkung antworten. Starten Sie zugleich eine Stoppuhr und schauen, wie lange Sie gebraucht haben. Denkbare Repliken können Sie den Beispielen aus Kapitel 11 entnehmen. Eine spielerische Übung, die Ihr Reaktionsvermögen trainiert.

Sparringpartner

Hierfür brauchen Sie eine vertraute Person. Zu Übungszwecken soll diese Sie mit beleidigenden und gehässigen Sprüchen angreifen. Kontern Sie darauf. Zusätzlich können Sie das Spiel umdrehen und Ihren Mitmensch ebenfalls sprachlich attackieren. Achten Sie dann auf die Reaktion und wägen ab, wie Sie darauf erwidert hätten.

Die Übungen schaffen Selbstvertrauen und reduzieren damit Ihr Stressempfinden. Obendrein lässt sich Ihre Geistesgegenwart Verbalattacken trainieren.

9 SCHLAGFERTIGKEIT IN DER PRAXIS

Gegenfragen

Durch Nachfragen (Paraphrasieren) wiederholen Sie das Verstandene, beugen Missverständnissen vor und gewinnen Zeit.

Chef: *„Wenn das so gemacht wird, kostet das zu viel Zeit!“*
Sie: *„Habe ich Sie richtig verstanden, Sie finden das aktuelle Vorgehen zu zeitintensiv?“*

Effektiv ist es auch, den Einwand des Chefs als Wunsch zu formulieren. Das signalisiert, dass Sie ihn verstanden haben und gibt Ihnen Zeit, eine schlagfertige Begründung aus zu formulieren, warum Ihr Weg der effektivste ist.

Sie: *„Sie wünschen sich das Ergebnis also mit weniger Zeitaufwand?“*

Die Kritik des Chefs als Wunsch ausformuliert, wird ihn zum Ja sagen bewegen, was eine positive Grundstimmung schafft.

Kritik und Beleidigungen

Wichtig: Es geht bei Schlagfertigkeit nicht darum, auf alles eine Antwort und Abwehr zu haben. Bei einer berechtigten Kritik ist es nicht angebracht, zu kontern oder zurückzuschlagen. Ergibt Ihre Situationsanalyse, dass der angebrachte Kritikpunkt durchaus seine Berechtigung hat, gesteht man den Fehler ein und macht es beim nächsten Mal besser.

Bei unberechtigten Kritiken oder gar Beleidigungen dürfen Sie sich jedoch wehren. Hier greift ganz entscheidend das Prinzip der Selbstsicherheit und der Gelassenheit. Beleidigungen können Sie nicht treffen, weil Sie auf das Wohlwollen dieser Personen nicht angewiesen sind. Es macht Ihnen nichts aus und Sie können deshalb sachlich reagieren. Dies nimmt den Angreifern die Luft.

Lassen Sie sich nicht zur Zielscheibe von dummen Bemerkungen machen. Konstruktive Kritik oder faktische Tatsachen nehmen Sie dankbar an.

Umgang mit unangemessenen Fragen

Hier müssen ganz klar Grenzen gezogen werden. Oftmals nehmen Gesprächspartner gar nicht wahr, dass sie eine grenzüberschreitende, unangenehme Frage gestellt haben.

Kollege: *„Was verdienst du hier eigentlich?“*

Sie: *„Warum möchtest du das denn wissen?“ oder „Findest du die Frage angemessen?“*

Möglicherweise hat der Kollege einfach das Gefühl, schlecht bezahlt zu werden und wollte nur einen Vergleich. Vielleicht dachte er gar nicht darüber nach, dass die Frage unangemessen sein könnte. Mit diesen Gegenfragen verstehen Sie seine Absichten besser und können so angemessen reagieren.

Tante: *„Warum bekommt ihr denn keine Kinder?“*

Sie: *„Findest du die Frage angemessen?“*

Gerade bei sehr privaten Themen sollten Sie nicht scheuen, auf die Unangemessenheit der Fragen hinzuweisen und damit klare Grenzen zu ziehen. Für Familienfeiern lassen sich übrigens ganz wunderbare Standardszenarien konstruieren und schlagfertige Argumente zurechtlegen. Eine perfekte Übungsstrecke, bevor man mit seiner Schlagfertigkeit auf dem Business-Highway Gas gibt.

10 DIE NO-GOS DER SCHLAGFERTIGEN BEMERKUNGEN

Es gibt natürlich beim Schlagfertigsein auch das eine oder andere No-Go, also Dinge, die Sie unbedingt unterlassen sollten.

Dazu gehören:

- Der Einsatz der verbalen Keule statt des Floretts
- Eigene Wutausbrüche oder Tränenergüsse
- Beleidigtsein
- Bewusstes Beleidigen und Lächerlichmachen des Gegenübers
- Nachtreten
- Rassistische, religiös verletzende oder zotige Bemerkungen

Schlagfertige Antworten sollten wie ein Stich mit dem Florett und nicht wie ein Schlag mit der Keule oder dem Holzhammer geführt werden. Besonders dann, wenn ein Rededuell im Beisein Dritter abläuft, sollten wir den Kontrahenten mit spitzer Zunge und biegsamen Geist zwar empfindlich treffen, aber ihn nicht verbal zu Boden schlagen und nicht beleidigen. Wenn das Publikum Ihr Gegenüber am Ende bedauert, erreichen Sie Ihren Zweck nämlich überhaupt nicht. Genauso ein Fehler wäre es, würden Sie auf verbale Angriffe mit Wutausbrüchen reagieren, herumschreien, in Tränen ausbrechen oder sich beleidigt zeigen.

Wer zornig und unbeherrscht reagiert, ist nicht schlagfertig, sondern peinlich. Wenn Sie spüren, dass Sie sich in einer bestimmten Situation emotional nicht bremsen können, dann können Sie einfach nicht schlagfertig reagieren und sollten sich deshalb der Situation entziehen.

Grundsätzlich sollten Sie versuchen, sich auf das Gesagte und nicht auf Ihre Gefühle gegenüber dem Gegner zu konzentrieren. Das macht eine schlagfertige Reaktion bedeutend leichter. Sonst ist der Grat zwischen einer schlagfertigen Antwort und einer schnippisch beleidigenden Phrase manchmal sehr schmal.

Auch auf das Lächerlichmachen des Gegenübers und aufs Nachtreten sollten Sie unbedingt verzichten. Das ist besonders dann wichtig, wenn das verbale Gefecht in der Familie oder im beruflichen Umfeld stattfindet. Schließlich wird es hier normalerweise immer wieder zu Kontakten kommen und Sie sollten schon allein deshalb nicht auf totale Konfrontation gehen, bei der es schnell dazu kommt, dass alle Kommunikationsbrücken abgebrochen werden. Und das wollen Sie mit ihrer Schlagfertigkeit ja in den allermeisten Fällen nicht erreichen. Sie wollen sich lediglich verteidigen, weitere Verbalattacken stoppen und künftige Konflikte vermeiden.

Überhaupt kommt es immer auf die jeweilige Situation an, wie eine schlagfertige Erwiderung aussehen könnte und sollte. Nehmen wir zum Beispiel Gespräche mit Geschäftspartnern und Kunden. Hier ist besonderes Fingerspitzengefühl gefragt. Schließlich geht es in dem Fall weniger darum, in einem Wort-Duell Sieger zu bleiben oder das Gesicht zu wahren, sondern darum, den Kunden/Geschäftspartner nicht zu verlieren. Aber auch auf dem Terrain können wir schlagfertig agieren, nur eben freundlich witzig. Da ist zum Beispiel der Mitarbeiter, der die auf die Bemerkung "Sie wollen mir ja doch nur etwas verkaufen" ganz freundlich antwortet: "Natürlich, wenn ich es verschenken wollte, hieße ich ja nicht Verkäufer, sondern Verschenker".

Erleben wir dagegen zum Beispiel im Büro verbale Attacken von Kolleginnen und Kollegen, dann geht es schon auch darum, wer im Duell der Worte als Sieger vom Platz geht. Nur mit Freundlichkeit und/oder Witzigkeit geht das nicht immer und dann kann auch mal schwereres Geschütz angebracht sein. Trotzdem werden wirklich schlagfertige Personen auch immer mit einkalkulieren, wie Ihr Gegenüber wahrscheinlich reagieren wird und wo seine persönliche Schmerzgrenze liegt.

Auf gar keinen Fall sollten Bemerkungen gemacht werden, die in irgendeiner Art ehrverletzend sind oder unter der Gürtellinie liegen. Selbst wenn jemand Sie auf diese fiese Weise angeht, sollten Sie sich nicht auf dieses Niveau begeben, sondern sich solche Angriffe ganz entschieden und ernsthaft verbitten.

11 TAKTIKEN DER SCHLAGFERTIGKEIT: DIE BESTEN TECHNIKEN

Wirklich schlagfertig sind Sie vor allem, wenn Sie schnell reagieren können. Schließlich lebt die Schlagfertigkeit in hohem Maße vom Überraschungsmoment. Andererseits aber werden wir häufig ganz unerwartet von einem fiesen Spruch oder einem anderen verbalen Angriff getroffen und geraten dann oft in eine Art von Schreckstarre, die unsere Reaktion verzögert. Diese Zeitspanne können Sie überbrücken, wenn Sie beispielsweise die „Rückfragen-Methode" anwenden. Diese und weitere Techniken stelle ich Ihnen nun vor. Das sind Herangehensweisen, die Sie gut wappnen und Ihnen Inspirationen für mehr Schlagfertigkeit geben sollen. Damit haben Sie schlagkräftige Antworten und Konter auf blöde Bemerkungen oder provokante Unterstellungen parat. Ihren Angreifer setzen Sie hiermit schachmatt und Sie gehen als Sieger der verbalen Schlacht hervor.

Sie müssen nicht alle Techniken direkt in Ihren Alltag integrieren. Suchen Sie sich für den Anfang drei Kontermöglichkeiten aus und testen diese aus. Nach und nach könne Sie Ihr Repertoire erweitern.

Hinweis: Der Abwechslung halber habe ich bei der Anrede in den Beispielen zwischen „Du“ und „Sie“ variiert. „A“ stellt die Aussage und „B“ eine passende Antwort dar.

Bumerang-Taktik

Diese Technik zielt darauf ab, den sprachlichen Angriff umzudrehen. Kehren Sie den Inhalt der Aussage Ihres Kontrahenten um.
Sie schlagen Ihr Gegenüber mit den eigenen Waffen und nehmen der Unterstellung den Wind aus den Segeln.

Beispiel 1:

A: „Du warst aber auch schon mal sportlicher."

B: „Vielleicht war ich mal sportlicher, aber ich denke, du bist noch unsportlicher."

Beispiel 2:

A: „Du bist doch geistig zurückgeblieben!"

B: „Und trotzdem habe ich dir noch einiges voraus."

Beispiel 3:

A: „Schwachkopf!"

B: „Nett, Sie kennenzulernen. Mein Name ist..."

Die Rückfrage

Mit der Rückfragen-Methode können Sie den Ball zurückspielen und Ihr Gegenüber auflaufen lassen, da er nun unter Zugzwang steht und auf Ihre Gegenfrage eingehen muss. Haken Sie einfach nach. Wollte Ihr Diskussionspartner nur stänkern, gerät er dadurch sehr oft in Verlegenheit. Außerdem gewinnen Sie etwas Zeit, um sich einen witzigen Gegenschlag zu überlegen.

Beispiel 1:

A: „Das war eine schlechte Präsentation."

B: „Können Sie das bitte präzisieren?"

Beispiel 2:

A: „In deinem Leben hast du komplett versagt!"

B: „Wie müsste denn ein gelungenes Leben aussehen?"

Beispiel 3:

A: „Dein Parfüm riecht scheußlich."

B: „Was genau meinst du mit scheußlich?"

Weitere gute Standard-Rückfragen, die jederzeit passen, sind:

- „Worauf wollen Sie eigentlich hinaus?"

- „Wie genau meinen Sie das?"

- „Weshalb sagen Sie das jetzt?"

- „Was sollte ich tun, damit Sie zufrieden sind?"

- „Ist das Ihr Problem?"

Entpersonalisierung

Dieser Konter wirkt dadurch, dass Sie den fiesen Einwand von der eigenen Person lösen. Aus einer persönlichen Schmähe, wird eine generische, allgemeine Aussage, die Sie nicht mehr betrifft. So zieht die Provokation an Ihnen vorbei und verpufft in der Luft.

Beispiel 1:

A: „Hast du dir eigentlich mal überlegt, zu einem Affengehege zu gehen? Du passt da ziemlich gut rein."

B: „Das hast du nett gesagt, aber es trägt nichts Neues zum Thema bei."

Beispiel 2:

A: „Sie verschönern jeden Raum beim Verlassen."

B: „Man sollte nicht von sich auf andere schließen."

Beispiel 3:

A: „Dumme Menschen, davon kenne ich viele. Aber du brichst wirklich den Highscore!"

B: „Okay, ein schöner Spruch, doch das hat nichts mit mir zu tun."

Übersetzen

Dabei interpretieren Sie gewissermaßen die bösartigen Worte des Gegenübers und erklären, wie Sie sie verstanden haben. Die Bemerkung wird so geschickt umgedreht, dass sie eher positiv rüberkommt. Spielen Sie also Dolmetscher und entscheiden, was gesagt wurde.

Beispiel 1:

A: „Du bist eine Pfeife!"

B: „Willst Du damit andeuten, dass alles auf mich hört oder dass ich hier die Kommandos gebe?"

Beispiel 2:

A: „Sie sind nicht teamfähig!"

B: „Stimmt, denn ich kann knifflige Aufgaben selbstständig erledigen."

Beispiel 3:

A: „Du gehst heute schon wieder etwas früher nach Hause?“

B: „Wenn du damit meinst, dass ich meine Arbeit rechtzeitig erledige, dann hast du auf jeden Fall Recht.“

Klartext-Technik

Mit dieser Taktik gehen Sie demonstrativ auf Konfrontationskurs. Benennen Sie die (mögliche) Grundlage des Vorwurfs.
Ihr Kontrahent gerät dadurch in Erklärungsnot. Dieses Vorgehen sollten Sie jedoch nur einsetzen, wenn Sie sich sicher fühlen und geübt im verbalen Schlagabtausch sind, weil es Mut erfordert.

Beispiel 1:
A: „Ich fürchte, Sie sind dieser Aufgabe nicht gewachsen."
B: „Möchten Sie mir damit sagen, dass ich unfähig bin?"

Beispiel 2:
A: „Du hast ja schon wieder Pause gemacht..."
B: „Ich denke du bist neidisch und gönnst mir meine Auszeit nicht."

Beispiel 3:
A: „Warum schreiben Sie denn nicht mit?"
B: „Wollen Sie mir etwa unterstellen, dass ich mir Dinge nicht merken kann?"

Themawechsel-Taktik

Mit dieser Strategie lässt sich ein beleidigender Einwand schön auskontern, indem Sie diesen einfach übergehen und unverhofft weiterreden. Schenken Sie der Bemerkung keine weitere Beachtung. Fiese Attacken laufen so meistens ins Leere.

Beispiel 1:

A: „Das war aber ein blöder Vortrag."

B: „Vielen Dank für Ihren Hinweis. Kommen wir nun zum nächsten Punkt..."

Beispiel 2:

A: „Was erzählst Du da denn für einen Müll?"

B: „Schlimm, dieses Wetter heute. Der starke Wind ist sehr unangenehm."

Beispiel 3:

A: „Mir erscheint Ihre Ansicht nicht ganz richtig..."

B: „Also, ich fand das gestrige Fußballspiel spannend."

Spricht Sie ihr Gegenüber auf das Ausweichmanöver an, dürfen Sie sich nicht rechtfertigen. Geben Sie folgende Antwort und fahren direkt fort: „Zu dem was Sie gesagt haben, möchte ich nichts sagen."

Die überraschende Zustimmung

Statt sich zu rechtfertigen, können Sie Ihrem Gesprächspartner einfach zustimmen und Ihm Recht geben. „Sie haben Recht!" reicht schon. So kann der mündliche Angriff nicht fruchten, ihr Provokateur wird verblüfft sein und die Grundlage für weitere Kritik verschwindet. Wichtig ist hierbei, dass Sie die Zustimmung selbstbewusst äußern und einen schüchternen, ängstlichen Eindruck vermeiden.

Beispiel 1:

A: „Sie reden ganz schön laut!"

B: „Ja, genau! Das ist mir auch aufgefallen."

Beispiel 2:

A: „Sie verstehen scheinbar nur Bahnhof!"

B: „Ich stimme gerne zu, wenn Ihnen dies guttut."

Beispiel 3:

A: „Vor den Ferien hatten Sie noch eine bessere Figur."

B: „Das ist wahr. Im Urlaub habe ich es mir gut gehen lassen."

Komplimente

Mit der ironisierenden Komplimente-Taktik können Sie einen Disput auflockern und einen latenten Konter geben. Auf einen Vorwurf geben Sie einfach ein Kompliment. Unterstreichen können Sie Ihre Antwort mit Applaus. Ihr Gesprächspartner wird erstaunt sein. Dabei haben Sie die Sympathie des Publikums auf Ihrer Seite.

Beispiel 1:

A: „Ihre Argumente sind mehr als flüssig. Sie sind überflüssig!“

B: „Toll, so eine witzige Bemerkung hätte ich Ihnen gar nicht zugetraut.“

Beispiel 2:

A: „Du hast die Weisheit nicht gerade mit dem Löffel gegessen.“

B: „So klug wie du kann eben nicht jeder sein.“

Beispiel 3:

A: „Das hast du völlig falsch gemacht."

B: „Ich finde es super, dass du so kritisch bist."

Einer meiner liebsten Konter auf spitze Bemerkungen ist: „Ich mag Ihre Fantasie." Total simpel, aber äußerst effektiv.

Die Übertreibung

Auch maßloses Übertreiben ist eine gute Möglichkeit, einen verbalen Angriff wie eine Seifenblase platzen zu lassen. Dazu nehmen Sie den Angriff auf, marschieren in die gleiche Richtung und verstärken ihn in übertriebener Weise noch. So wird die Aussage des Gegenübers ins Absurde gelenkt und für Sie ist diese humoristische Reaktion sympathiefördernd. Geben Sie Ihre Antwort mit einem Schmunzeln ab!

Beispiel 1:

A: „Du hast im letzten Urlaub ganz schön zugenommen..."

B: „Ja, das stimmt! Ich lasse mir deswegen jetzt auch die Stuhlsitze verstärken."

Beispiel 2:

A: „Du solltest mehr Sport treiben!“

B: „Dann hätte ich ja noch mehr Muskeln.“

Beispiel: 3:

A: „Sie sind schon wieder zu spät gekommen!“

B: „Zu spät? Eigentlich komme ich erst um Mitternacht auf die Arbeit.“

Lieber als-Methode

Bei dieser Technik relativieren Sie einen Einwand dadurch, dass Sie den Kritikpunkt in Kontrast zu einer wesentlich schlimmeren Situation setzen. Sie beginnen Ihre Antwort mit „Lieber... als“ oder Besser... als“. Das lenkt erstens vom Vorwurf ab und zweitens wird dessen Wirkung geschwächt.

Beispiel 1:

A: „Ihnen fehlt Berufserfahrung.“

B: „Besser berufsunerfahren als lernunwillig. Und lernen möchte.“

Beispiel 2:

A: „Du bist doch gestört!“

B: „Lieber gestört als kaputt.“

Beispiel 3:

A: „Ihre Arbeit hat weder Hand noch Fuß. Da müssen Sie noch einiges überarbeiten.“

B: „Sicher sind einige Aspekte noch nicht vollständig ausgereift, aber es ist immer noch besser, als wenn ich gar nichts hätte.“

Geht immer-Taktik

Diese Sofortantworten sollten Sie stets auf Lager haben. Sie passen grundsätzlich in jedes Gespräch und wenn diese wie aus der Pistole geschossen kommen, geht der Punkt im Wortduell an Sie. Das ist Ihre verbale Munition.

- „Kann jeder sagen."
- „Nein, das bildest du dir nur ein."
- „Ist Ihr Problem."
- „Könnten Sie auch mal schweigen?"
- „Du sprichst hörbar, aber nicht verstehbar!"
- „Wo jetzt genau?"
- „Aha, interessant..."
- „Wenn das aus Ihrem Mund kommt, wird es schon stimmen."

Vertagungs-Technik

Wozu gleich immer direkt verteidigen? Ihre Antwort können Sie ohne Probleme auf später verschieben. Sie bitten um Bedenkzeit. Der Angriff ist so fürs Erste abgewehrt und verläuft - sofern er nicht erneut Thema wird - im Sande.

Beispiel 1:

A: „Gibt es dich auch in schön?"

B: „Danke für deine Anmerkung, ich gehe später noch darauf ein."

Beispiel 2:

A: „Keine Ahnung, was Sie so dumm macht, aber es funktioniert perfekt."

B: „Ich sage Ihnen morgen, wie ich über Ihre Bemerkung denke."

Beispiel 3:

A: „Deine Handschrift ist miserabel!"

B: „Kannst du deine Bemerkung freundlicherweise zurücknehmen, bis zu einem Zeitpunkt, wo sie besser passt?"

Die Metaebene

Wird ein unsachlicher, beleidigender Spruch in Ihre Richtung gefeuert, gehen Sie nicht auf den Inhalt vom Gesagten, jedoch auf die Art und Weise ein. Die Kernaussage und Bedeutung der Verbalinjurie wird ignoriert, übersprungen und Ihr Antagonist wird mit seiner eigenen Redensart konfrontiert. Wichtig ist, dass Sie sich nicht verletzlich oder betrübt geben, sondern forsch.

Beispiel 1:

A: „Hätten Sie die letzte Vereinbarung gelesen, dann wüssten Sie, dass wir dieses Problem längst gelöst haben. Aber dafür sind Sie zu dumm."

B: „Finden Sie das in Ordnung, mich so anzugehen?"

Beispiel 2:

A: „Nichts gegen deine Beine, aber Gurken gehören ins Gurkenglas!"

B: „Warum bist du so oberflächlich?"

Beispiel 3:

A: „Wenn das nächste Mal die Nummer eines Kunden aufblinkt, gehen Sie bitte nicht ans Telefon. Sie haben keine Ahnung und jede Fünfjährige hat eine bessere sprachliche Ausdrucksfähigkeit."

B: „Das ist eine sehr destruktive und abfällige Äußerung Ihrerseits..."

Gerade weil-Technik

Bekommen Sie einen Kritikpunkt (egal ob berechtigt oder nicht), verwandeln Sie die Bemängelung in etwas Vorteilhaftes. Aus der vermeintlichen Schwachstelle wird so eine Stärke. Das Gute an diesem Vorgehen ist, dass Sie den Einwand nicht negieren, sondern einfach als Mittel für Ihre Zwecke umfunktionieren.

Beispiel 1:

A: „Für die Aufgabe haben Sie sich aber ganz schön Zeit gelassen..."

B: „Gerade weil ich mir dafür die Zeit genommen habe, konnte ich die Aufgabe äußerst gründlich erledigen."

Beispiel 2:

A: „Sie sind eine Quasselstrippe!"

B: „Gerade weil ich so viel rede, kann ich helfen."

Beispiel 3:

A: „Das Handy ist aber ganz schön schwer."

B: „Genau deshalb kann es Ihnen so viel Leistung und Features bieten."

Entgiften

Diese Kontermöglichkeit entschärft die üble Äußerung Ihres Gegenübers. Sie nehmen die Aussage und packen Sie in schönere Worte und gewinnen dem Affront somit etwas Positives ab. Das kann zudem die Stimmung lockern.

Beispiel 1:

A: „Du warst auch schon mal in besserer Verfassung."

B: „Ich verstehe, du bist also um mein Wohlergehen besorgt..."

Beispiel 2:

A: „Sie sind ein egoistischer Mitarbeiter!"

B: „Gut, wenn Sie das möchten, dann achte ich weniger auf mich."

Beispiel 3:

A: „Deine Arbeitseinstellung ist vom Sperrmüll."

B: „Ah, du bist also mit meiner Leistung nicht ganz zufrieden..."

Stumme Gesten-Technik

Erhalten Sie eine boshafte Bemerkung, muss von Ihrer Seite nicht immer eine verbale Reaktion folgen. Bedienen Sie sich einfach der nonverbalen Ausdrucksweise: der Körpersprache. Antworten Sie ergo mit Ihrer Gestik, Mimik oder Körperhaltung. Diese Form der Schlagfertigkeit ist für Situationen geeignet, in denen Ihnen kein tauglicher Konter einfällt und Sprachlosigkeit droht. Mit der Körpersprache haben Sie zumindest was, womit Sie fürs Erste reagieren können.

Beispiel 1:

A: „Deine Geburt war ein weiterer Beitrag zur Umweltverschmutzung!"

B: Schütteln Sie mit dem Kopf und signalisieren, dass Sie mit der Aussage nicht d'accord gehen.

Beispiel 2:

A: „Wenn du schweigst, denken alle, dass du blöd bist. Wenn du redest, sind sich alle sicher!"

B: Nehmen Sie einen Stift und ein Blatt Papier und notieren Sie sich die Äußerung und sagen dann: „Diese Beleidigung ist es wert, verewigt zu werden."

Beispiel 3:

A: „Du hast all das, was ein schöner Mann nicht hat."

B: Zeigen Sie mit dem Daumen nach oben oder applaudieren Sie in Richtung des Widersachers und symbolisieren Ihm, dass er das gut gemacht hat. Bringen Sie das Ganze mit einer gehörigen Portion Ironie rüber.

Was nahezu immer gut funktioniert: Greifen Sie mit der Hand an Ihr und Ohr und tun Sie so, als hätten Sie die Bemerkung akustisch nicht verstanden. Neben dem Überhören, sehen Sie so - bildlich gesprochen - über die Botschaft des Opponenten hinweg.

Verwirrung

Ganz gut funktioniert es auch, wenn Ihre Schlagfertigkeit darin besteht, mit unverständlichen und unsinnigen Bemerkungen Verwirrung zu stiften. Hierzu eignen sich zum Beispiel fremdsprachige Zitate, sinnlose Sprüche oder absurde Sprichwörter, von denen anzunehmen ist, dass Ihr Gegenüber sie nicht versteht. Solche Wortspielereien und Nonsense lässt Ihren Gesprächsteilnehmer verdutzt zurück.

Beispiel 1:

A: „Wenn Sie so denken, zweifle ich an Ihrer Intelligenz."

B: „Quot homines, tot sententiae."

Beispiel 2:

A: „Sie widersprechen sich dauernd."

B: „Das kommt auf die Temperatur an."

Beispiel 3:

A: „Ihr Vortrag war ein Reinfall."

B: „Wer den Himmel im Wasser sieht, sieht die Fische auf den Bäumen."

Notbremse

Schmeißt Ihr Gesprächspartner Ihnen freche, unsachliche Bemerkungen an den Kopf, können Sie die Notbremse ziehen und die Unterhaltung beenden. Bei dieser Strategie müssen Sie selbstsicher auftreten und konsequent handeln (sich von Ihrem Diskutanten abwenden), um Ihr Standing nicht zu gefährden.

Beispiel 1:

A: „Ihre Argumente können Sie in die Tonne klopfen!“

B: „Entweder wir reden vernünftig miteinander, oder ich beende hiermit das Gespräch.“

Beispiel 2:

A: „Wer sich auf Sie verlässt, der ist verlassen.“

B: „Noch so ein Spruch und unser Dialog wird zum Monolog.“

Beispiel 3:

A: „Du bist völlig inkompetent.“

B: „Das ist nicht mein Niveau. Das Gespräch ist hiermit vorbei.“

12 ZUSAMMENFASSUNG & SCHLUSSWORT

Schlagfertigkeit ist der Kampf mit Witz und Worten. Ein Duell, worauf Sie sich genügend vorbereiten können. Mit diesem Ratgeber haben Sie die nötigen Kenntnisse, wie Sie Ihrem Gesprächspartner Paroli bieten. Reduzieren wir die Thematik auf das Wesentliche herunter, heißt das für Sie: entspannt bleiben, sachlich argumentieren und mit einem kühnen Charisma überzeugen.

Erneut bedanke ich mich für Ihr Interesse an diesem Buch und wünsche Ihnen gutes Gelingen.

HAFTUNGSAUSSCHLUSS

2. Auflage

Die Deutsche Nationalbibliothek verzeichnet diese Publikation in der Deutschen Nationalbibliografie; detaillierte bibliografische Daten sind im Internet über http://dnb.dnb.de abrufbar.

ISBN: 9781982997786

Dieser Titel ist auch als E-Book (ASIN: B07D9WRK7C) erschienen.

Cover: NEGOVURA (Shutterstock.com) & Bernd Rommer
Bilder: © Darwis Batawi (123RF.com)
Herausgeber: Fabian S. Sichelschmidt, Clevischer Ring 105, 51063 Köln, Deutschland
Verkauf & Druck: Amazon Media EU SARL

32565628R00045

Printed in Poland
by Amazon Fulfillment
Poland Sp. z o.o., Wrocław